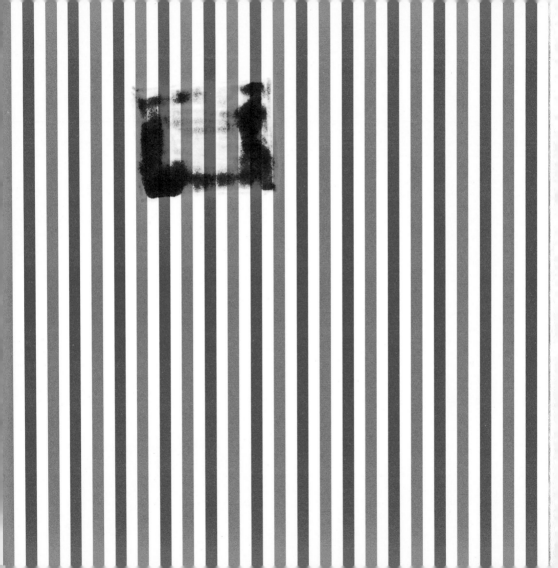

DIE NEUE
Fellosophie

Für Mark, Clare & Jamie

Jane Seabrook

DIE NEUE
TIPPS FÜR ALLE LEBENSLAGEN

Aus dem Englischen von Marlene Weber

KNESEBECK

Das Leben kann sehr tiefgründig sein,

aber ich mag's

lieber seicht.

Lieber

alles jetzt gleich als gar nichts

und das auch noch zu spät.

Glückliche Menschen

bekommen leichter, was sie wollen –

und das macht sie

nur noch glücklicher.

Ich will alles,

und zwar sofort!

Mehr brauche

ich nicht.

Freunde sind der größte Reichtum,

vor allem die mit

viel Geld.

Klar teile ich alles mit dir –

sogar meinen letzten

Schuldschein.

Vorsicht!

Bleiben Sie hinter der Grenze zurück,

die ich um meinen

Schokoladenvorrat gezogen habe!

Klatsch ist, etwas zu hören,

was dir gefällt – über jemanden,

der dir nicht gefällt.

Die Fakten sprechen vielleicht gegen mich, aber die *Illusionen* sind ganz auf meiner Seite.

Jeder, der versucht, sich zwischen mich und meine Arbeit zu stellen,

hat gute Aussichten auf Erfolg.

Bitte wecken –

wenn alles erledigt ist.

Wenn die Dinge mir über

den Kopf wachsen,

Ich werd dir gleich sagen, wer hier

aber das

der Chef ist –

weißt du wohl schon.

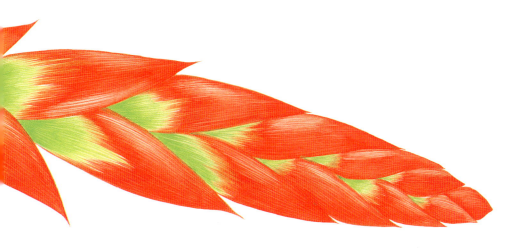

sonst immer, ich darf mich nicht so

hängen lassen ...

Das Leben? Au Backe!

Wenn Männer nicht so einfach gestrickt wären, bräuchten Frauen nicht so

kompliziert

zu sein.

Du kannst

so viele

Gefühle in mir

wecken.

Aber pass

auf,

welches

du

wählst.

Öffne dich mir –

ich habe noch so viel loszuwerden.

Sind wir es, die verrückt sind, oder sind es die anderen?

Mach dir keine Sorgen,

ich bleibe bei dir, bis dass dein leeres Bankkonto uns scheidet.

Du hast etwas Neues

in mein Leben

gebracht:

deine Mutter.

Und versuch ja nicht, mir meine schlechten Manieren abzugewöhnen.

In jedem Erwachsenen steckt ein Kind,

das sich fragt:

Wie konnte es nur so weit kommen?

Sie sind alles, was ich habe.

Entweder ich zeig dem Leben

die Zähne –

oder das Leben

frisst mich auf.

Das Wissen der Menschheit

wächst und wächst.

Bloß ich kapier immer weniger.

Wenn der Sinn des Lebens

sich nicht bald offenbart,

hilft nur noch

die Verlängerung.

Weihnachten rückt

immer näher, und ich weiß nicht,

wie ich ihm

ausweichen

soll.

Hiermit bestätigen wir

Ihre Anmeldung zum Geduldstraining.

Bitte rechnen Sie mit einer Wartezeit

von vier bis sechs Monaten.

Nachbemerkung

Wenn ich neue Zeichnungen für *Fellosophie* anfertige, macht es mir immer besonders viel Spaß, Tiere zu entdecken, von denen ich vorher noch nie gehört habe, wie etwa den völlig verrückt aussehenden Vogel Arassari. Für den Fall, dass Sie beim Trivial Pursuit mal eine Frage zu diesem geflügelten Wesen gestellt bekommen: Unter dem Namen Arassari werden drei Gattungen der Tukane zusammengefasst. Sie besitzen einen schlankeren Schnabel und sind kleiner als die Vertreter der anderen Gattungen, die als große Tukane bezeichnet werden. Auf der anderen Seite des Spektrums finden wir den Riesentukan, das größte Mitglied der Tukanfamilie. Es ist reiner Zufall, dass die beiden Vögel in diesem Buch direkt hintereinander abgebildet sind.

Ich hoffe, Ihnen gefällt dieser neue Band der *Fellosophie*. Ich freue mich immer, von Ihnen zu hören – Ihre Kommentare und Vorschläge können Sie mir gerne über meine Webseite schicken.

Herzlich

Weitere Informationen finden Sie
auf meiner Webseite www.furrylogicbooks.com.
Dort erfahren Sie auch, wie Sie die Originale
der Bilder in diesem Band erwerben können.

Das Who's Who der Fellosophie

Manchmal werde ich gefragt, wie die Tiere, die ich gezeichnet habe, eigentlich heißen. Deshalb habe ich ihre Namen unten aufgelistet. Einige Tiere sind vertraut und leicht zu erkennen, andere eher ungewöhnlich, wie der großartige Felshahn *(Rupicola)*, der Rote Pfeilgiftfrosch (Erdbeerfrosch) und der kurios anmutende Arassari. In chronologischer Reihenfolge handelt es sich um:

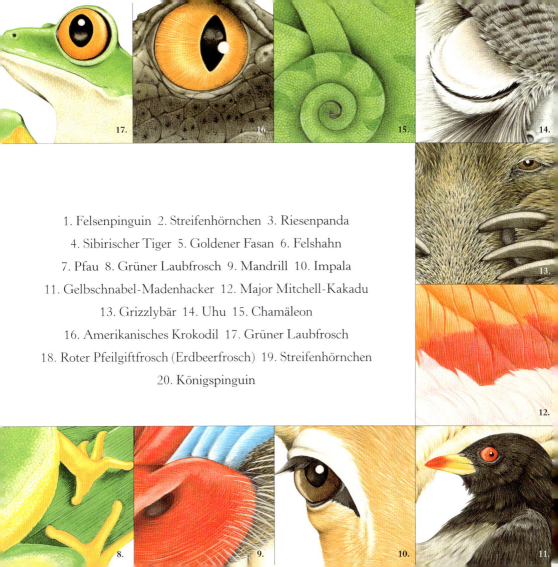

1. Felsenpinguin 2. Streifenhörnchen 3. Riesenpanda
4. Sibirischer Tiger 5. Goldener Fasan 6. Felshahn
7. Pfau 8. Grüner Laubfrosch 9. Mandrill 10. Impala
11. Gelbschnabel-Madenhacker 12. Major Mitchell-Kakadu
13. Grizzlybär 14. Uhu 15. Chamäleon
16. Amerikanisches Krokodil 17. Grüner Laubfrosch
18. Roter Pfeilgiftfrosch (Erdbeerfrosch) 19. Streifenhörnchen
20. Königspinguin

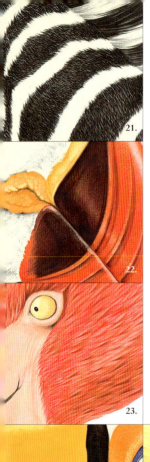

Das Who's Who der Fellosophie

21. Böhm-Zebra 22. Papageitaucher 23. Zwergflamingo
24. Riesentukan 25. Arassari 26. Flughund
27. Schwein 28. Lemur 29. Grevy-Zebra 30. Erdmännchen
31. Marienkäfer 32. Rotaugen-Laubfrosch
33. Roter Kardinal 34. Grizzlybär

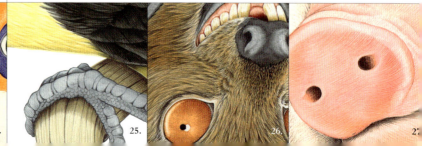

Bereits erschienene Titel von Jane Seabrook

Fellosophie. Tierisch gute Alltagstipps

Fellosophie für Eltern. Tierisch gute Alltagstipps

Fellosophie. Mehr tierisch gute Alltagstipps

Wenn Sie weitere Informationen wünschen,
besuchen Sie uns unter www.knesebeck-verlag.de.

Danksagung

Mein herzlicher Dank gilt Ashleigh Brilliant
für seine vielfältigen Anregungen zu den Sprüchen
(www.ashleighbrilliant.com)
sowie dem Team von Ten Speed Press für die Hilfe und Ermutigung,
insbesondere Lorena Jones, Meghan Keeffe und Kristine Standley.

Danken möchte ich auch
Alex Trimbach und Troy Caltaux vom Image Centre in Auckland, Neuseeland,
sowie Debby Heard Photography, Joy Willis und Phoenix Offset.

Bibliografische Information Der Deutschen Bibliothek
Die Deutsche Bibliothek verzeichnet diese Publikation in der
Deutschen Nationalbibliografie;
detaillierte bibliografische Daten sind im Internet
über http://dnb.ddb.de abrufbar.

Titel der Originalausgabe: *Furry Logic. Wild Wisdom*
Erschienen bei Ten Speed Press, Berkeley, USA
Copyright © 2007 Seabrook Publishing Ltd., 2007

Deutsche Erstausgabe
Copyright © 2007 von dem Knesebeck GmbH & Co.
Verlags KG, München
Ein Unternehmen der La Martinière Groupe

Satz: satz & repro Grieb, München
Druck: Phoenix Asia Pacific
Printed in China

ISBN 978-3-89660-478-1

Alle Rechte vorbehalten

www.knesebeck-verlag.de